Sonja & Maria Kofelenz

Wir Zwei
umrunden die
Isle of Wight

Mit dem Rucksack
unterwegs in Südengland

Reutte, Jänner 2021

Bibliografische Information der Deutschen Nationalbibliothek:
Die Deutsche Nationalbibliothek verzeichnet diese Publikation in der Deutschen Nationalbibliografie; detaillierte bibliografische Daten sind im Internet über http://dnb.dnb.de abrufbar.

Text: Sonja & Maria Kofelenz
Satz: Sonja Kofelenz
Fotos: Maria Kofelenz

Herstellung und Verlag: BoD - Books on Demand, Norderstedt

ISBN: 978-3-752666946
Auch als E-Book erhältlich.
Vorbehaltlich Irrtümer, Satz- und Druckfehler

für Elke

Die Faszination der britischen Inseln und alles, was diese Gegend ausmacht, möge dir, ebenso wie uns beiden, erhalten bleiben.

Vorwort

Für zwei Tiroler ist Südengland eher eine ungewöhnliche Wahl für einen Urlaub. Die meisten denken bei ihrer Urlaubsauswahl sicher an Italien, Spanien, Griechenland oder ähnliches. So fragen Sie sich sicher, wie wir gerade auf die Isle of Wight gekommen sind. Dazu gibt es folgende Geschichte:

Im *5 Minuten Harry Podcast* berichtete Coldmirror darüber, dass Magda Dursley, ihres Zeichens Schwester von Vernon Dursley, Onkel von Harry Potter, ihren Urlaub auf der Isle of Wight verbrachte. Für ihren Podcast recherchierte sie noch zusätzliche Informationen zur Insel und stellte dann zwei Attraktionen vor: Zum einen die berühmten Felsformationen *The Needles* und zum anderen das *Garlic Festival* - also das Knoblauch-Festival.

Diese Informationen führten insoweit dazu, dass wir uns für diese Insel interessierten und einen Urlaub in Kombination mit einer Wanderung planten. Daraus ist dann schlussendlich eine komplette Umrundung der Insel geworden. Wir haben nicht nur die beiden erwähnten Sehenswürdigkeiten besucht, sondern auch allerlei Abenteuer erlebt und interessante Dinge gesehen. Vor allem aber lernten wir auf diesen fast 100 Kilometern viele liebe und nette Menschen kennen.

1. Teil der Anreise

Mittwoch, 7. August 2019
Reutte – München

Auf Schusters Rappen – also zu Fuß – starteten Wir Zwei wieder in eine abenteuerliche Reise. Am Mittwoch, später Nachmittag, schulterten wir unsere schwer gepackten Rucksäcke und machten uns auf den Weg zum Bahnhof Reutte, Station Schulzentrum. Dort nahmen wir den Zug Richtung München. Die bayerische Landeshauptstadt diente uns nur als Zwischenstopp – als Sprungbrett in die weite Welt. Unser Flugzeug nach London hob nämlich sehr früh am nächsten Tag ab, deshalb verbrachten wir einen gemütlichen Abend bei unserem Sohn/Bruder Marcus.

> **Zum Schmunzeln:**
> Vor lauter Aufregung sind wir in München mit der U-Bahn zwei Stationen zu weit gefahren und mussten wieder zurückfahren, um in der Nähe von Marcus Wohnung auszusteigen.

Marcus führte uns in eines seiner Lieblingsrestaurants aus. Im *Hans im Glück* wurden wir mit feinen Burgern und selbstgemachter Limonade beglückt. Mit einer Folge „Raumschiff Enterprise" klang der Abend aus. Gut geschlafen hatten wir auf dem Gästesofa nicht, da sich Teile des Sofas verselbständigten. Sehr früh klingelte dann der Wecker und los ging die Reise!

9

2. Teil der Anreise

Donnerstag, 8. August 2019
München – London – Southampton – Isle of Wight

Ein langer Anreisetag mit verschiedenen Transportmitteln stand uns bevor. Pünktlich liefert uns Marcus am Flughafen Franz Josef Strauß um 7.00 Uhr ab. Unsere erste Aktion: Wir geben unsere sehr großen Rucksäcke beim Gepäckschalter ab.

Auf diese Aufregung hin gönnten wir uns ein, wie erwartet, teures Frühstück am Flughafenbuffet.

Zum Schmunzeln:
Spannend waren die Passkontrolle und der Security-Check. Wir wurden nicht nur durchleuchtet und begutachtet, auch einen Sprengstofftest mussten wir über uns ergehen lassen. Das wird übrigens mittels kleiner Teststreifen gemacht.

Nach einer Flugzeit von einer Stunde und 35 Minuten landeten wir pünktlich am Flughafen London Gatwick. Wir holten unser Gepäck ab, ohne groß darauf warten zu müssen. Dieser Flughafen hat zwei Terminals, die mit einem Shuttle-Zug verbunden sind. Um den Zug nach Southampton zu erreichen, mussten wir mit diesem Shuttle das Terminal wechseln. Da alles wunderbar ausgeschildert ist, war dieser Wechsel sehr leicht zu bewältigen. Das Ticket für die Fahrt hatten wir bereits online reserviert und mussten es nur noch an den SB-Terminals abholen. Für die Weiterreise deckten wir uns in einem Kiosk mit Verpflegung ein.

Nach kurzer Wartezeit ging es auf die Plattform 5, wo wir den Zug nach Southampton bestiegen. Die Fahrt in den Süden von Großbritannien dauerte zwei Stunden, unterbrochen von mehreren Haltestellen in kleinen Orten. Einen besonders schönen Eindruck hinterließen diese jedoch nicht, zumindest nicht in der Umgebung der Bahnhöfe. In Bahnhofsnähe war die Gegend schmutzig und hässlich. In der Ferne erspähten wir ein großes Schloss. Kühe, Schafe und Pferde zierten die Felder, welche üppig mit Brombeerhecken und auffallend vielen Sommerfliederpflanzen gesäumt waren. Zu unserer Erleichterung war der Anschluss nach Ankunft in Southampton einfach zu finden, mussten wir doch jetzt die Fähre auf die Insel erreichen. Direkt vor dem Bahnhofsgebäude befand sich die Haltestelle des Busses zum Fährterminal. Der nächste Bus kam dann auch schon wenige Minuten später und wiederum nach wenigen Minuten Fahrzeit lud man uns am Hafen aus. Auch hier schien uns das Timing gut gewogen, nach Kauf einer Überfahrt legte die Fähre kurze Zeit später ab. Wir durften noch das Beladen der Fähre mit Autos verfolgen und suchten uns dann im gediegenen Aufenthaltsraum einen Platz an der Fensterfront, von der aus wir die Überfahrt gut genießen konnten. Nur kurz machten wir einen Abstecher aufs offene Deck, der starke und kalte Wind ließ uns schnell wieder Zuflucht im Warmen suchen. Zudem bestand dort oben auch „Hutfluchtgefahr".

So nebenbei beobachtet:

Auf der Fahrt zur Fähre entdeckten wir nicht nur ein bayrisches Restaurant, sondern auch einen sehr interessanten Kreisverkehr. Dieser bestand aus einem aufgemalten Kreis mit 1,5 m Durchmesser.

Von unserem Logenplatz in der Fähre ließ sich Southampton gut besichtigen. Es ist eine recht große Stadt mit einer riesigen Hafenfront. Hier tummeln sich Industrieanlagen und Docks mit den verschiedensten Schiffen nebeneinander. Beim Passieren der Hafenanlagen bewunderten wir ein Kreuzfahrtschiff, so groß wie ein Hochhaus. Die Ladebäume der Werften ragten aus der Ferne wie

Spinnenbeine in den Himmel. Viele lange Stege, zu welchem Zweck auch immer, reichten in den Kanal hinein. Segelboote, Motorjachten und Schlauchboote kreuzten die Spur der Fähre. Und ganz allmählich kam die Sonne heraus. Noch vorbei an einer Raffinerie mit einigen Tankern davor, dann querten wir schon die Meeresenge bis zur Isle of Wight.

Nach einer Stunde Fahrt kamen wir in East Cowes an. Auch hier war uns das Glück hold und die Bushaltestelle war schnell gefunden. Der Bus Nr. 5 brachte uns ins Zentrum der Insel bis nach Newport, dort stiegen wir in den nächsten Bus um, welcher mit uns quer durch die Insel fuhr. An einer Steinbrücke (zur Information: die Straßen auf der Insel sind sehr kurvenreich und sehr eng, oft begrenzt durch eine Steinmauer), gab es ein kleineres Gerangel. Einem entgegenkommenden Bus musste Platz gemacht werden und unsere Busfahrerin fürchtete sich anscheinend davor, ein Stück retour zu fahren.

Angekommen in Sandown verließen wir im Hafen den Bus und marschierten mit unserem Gepäck auf dem Rücken zum Hotel. Die indische Wirtin überreichte uns den Zimmerschlüssel mit dem Hinweis, dass es hier kein Frühstück gäbe – das wussten wir aber schon. Wir platzierten unsere

Bemerkenswertes:
Während der Busfahrt bemerkten wir im Vorbeifahren seltsame Felder mit besonders schönem, geschnittenen Rasen. Wie sich herausstellte, wurde dort „Rollrasen" produziert.

Rucksäcke im Zimmer und machten uns sogleich auf den Weg, etwas Essbares zu finden. Also wieder zum Hafen hinunter. Bei *Coop* – eine in Großbritannien gängige Supermarktkette – deckten wir uns gleich fürs Frühstück bzw. für den ganzen nächsten Tag ein.

Sandown ist ein recht kleiner Ort, hat jedoch einen langen Sandstrand. Einige Schwimmer waren im Wasser – allerdings angesichts der Temperaturen ausgestattet mit Neopren-Anzügen. In der einzigen Hauptstraße fanden wir einen Tisch in *Kate´s Cottage*, einem kleinen Lokal. Angeboten wurde dort *Fish & Chips special* um 6 Pfund. So günstig? – Nun, das Wagnis gingen wir ein und probierten und waren positiv überrascht. Das Spezialmenü beinhaltete erst mal eine große Kanne Tee mit Milch, gefolgt von einer kleinen Portion Fish and Chips (für uns leicht ausreichend) und abgerundet mit einem Toffee-Sponge mit Eiscreme zum Nachtisch. Wir beschlossen auch gleich, dass wir noch einmal herkommen würden.

Wieder retour im Hotel erhielten wir vom indischen Gastgeber am Empfang eine Inselkarte zur Orientierung. Leider stellten wir mit Entsetzen fest, dass unser Adapter für das Handyladekabel nicht funktionierte.

Interessantes:

In *Kates Cottage* wurde kein Alkohol verkauft – das hat etwas mit einer Alkohollizenz zu tun. Ein Schild weist darauf hin, dass man jedoch gerne selber etwas mitbringen darf – Gläser gibt es.

Unsere Wanderung um die Insel beginnt

Freitag, 9. August 2019 - 1. Etappe
Von Sandown nach Ventnor - 10 km

Witziges:
Maria´s Kampf mit der Duscharmatur: Wir mussten einige Schalter ausprobieren, sowohl an dem Gerät in der Dusche als auch im Badezimmer, bis wir den richtigen für das warme Wasser fanden. Entdeckt haben wir ihn schlussendlich außerhalb vom Badezimmer, getrarnt alsn Lichtschalter.

Am Terminal der Red Jet-Fähre zur Insel.

Von der Fähre aus sind die Verladedocks gut zu sehen.

Zwischen Southampton und der Insel tummeln sich viele Segler.

Uns weckt am Morgen das Geschrei der Möwen und zwar sehr früh. Diese hüpften nämlich im Vorgarten vor unserem Fenster herum und stritten sich wohl um einen Leckerbissen. Im Zimmer brauten wir uns einen Kaffee aus den zur Verfügung gestellten Pulvertütchen an löslichem Kaffee und füllten unsere am Abend zuvor gekauften Rolls (weiche Brötchen) mit Schinken und Käsescheiben. Zwei verspeisten wir gleich zum Frühstück, die restlichen wurden als Wegzehrung verpackt.

Wie wir schon am Tag davor feststellten, funktionierte unser Adapter für die Ladegeräte der Mobiltelefone nicht. In England, wie auch in den meisten **nicht** deutsch-sprachigen Ländern, sind die Steckdosen etwas anders gebaut als bei uns und man benötigt deshalb einen passenden Adapter. Ein großes Problem, da wir mit dem Mobiltelefon nicht nur telefonieren, sondern uns auch orientieren und Fotos machen wollten.

Problem!

Und so führten uns die ersten Schritte auf dem Weg um die Insel in den kleinen Ort, um einen passenden Adapter zu suchen. Kurz nach neun wurden wir bereits im zweiten Touristenshop fündig.

Aber dann ging es endlich los. Zuerst führte der Coastal Path, den wir für die Umrundung der Insel gewählt hatten, ein Stück an der breiten Uferpromenade entlang, stets mit dem Blick aufs offene und sehr bewegte Meer.

Hinter dem letzten Hotel kletterten wir einen steilen Pfad zum Klippenweg hinauf, dem wir folgten. Von dort oben genossen wir einen herrlichen Ausblick übers Meer. Entlang der Strecke reihen sich einige sehr nette Einkehrmöglichkeiten, die liebevoll mit typischer Stranddekoration geschmückt sind.

Bei Shanklin mussten wir von unserer luftigen Anhöhe wieder hinab bis zum Strand. Dabei kamen wir am *Shanklin Chine* vorbei, danach ging es über steile Treppen wieder hinauf.

Nun änderte sich das Landschaftsbild. Wir waren weg von den Hotels und tauchten in die Natur ein. Der Pfad führte uns durch ursprüngliche Wälder stets aufwärts. Kurz vor der Ortschaft Bonchurch besichtigten wir die alte Kirche, welche in einem kleinen mit schiefen Grabsteinen versehenen Friedhof stand. Von da an ging es wieder hinun-

Shanklin Chine:

Hier befindet sich die älteste Touristenattraktion der Insel. 1817 für die Öffentlichkeit zugänglich gemacht, kann man dort auf markierten Wegen verschiedene Vögel und andereTiere in einem wunderbaren Garten beobachten. Neben einem 12 Meter hohen Wasserfall gibt es eine Ausstellung zur *Pipe Line Under The Ocean* aus dem II. Weltkrieg.

Bewuchs:

Eine von uns noch nie gesehene Farbenpracht bot der Anblick in diesen Wäldern. Hortensien, bei uns nette Garten- bzw. Kübelpflanzen, wachsen dort nämlich wild in enormer Größe mitten im Wald. Pinke und lila Wolken von einem unbeschreiblichen Blütenmeer leuchteten uns entgegen. Dabei hatte ein Blütenstand etwa die Größe eines Fußballs.

ter zur Küste, an deren Esplanade wir bis Ventnor weiterzogen. In Ventnor gibt es einen öffentlichen Paddling Pool. Das ist ein größeres Planschbecken mit angrenzender Strandbar. An diesem tummelten sich unzählige kleine Kinder, die trotz des sehr windigen Wetters dort ihren Spaß hatten. Wir gesellten uns für unser Mittagessen zu ihnen, um an einem Picknicktisch unsere Brote zu verspeisen.

Unsere Tagesetappe hatten wir erfüllt, jetzt hieß es, die reservierte Unterkunft zu finden. Schon ziemlich müde von der Wanderung schleppten wir uns die steile Straße in den Ort hoch und irrten kurze Zeit auf der Suche nach der richtigen Straße umher. In Ventnor hatten wir über AirBnB in einer Privatunterkunft ein Zimmer reserviert. Unterwegs hatte uns die Mitteilung erreicht, dass die Vermieterin den Schlüssel zur Wohnung hinterlegt hatte. Etwas skeptisch über diese Vorgehensweise trauten wir uns zuerst nicht in die private Wohnung – es war ja niemand da. Nach Versicherung und Rückfrage bei einer Nachbarin wagten wir es, hineinzugehen. Nach ca. einer halben Stunde kam dann unsere Gastgeberin Theresa.

Das war unsere erste Erfahrung mit der Buchungsplattform AirBnB, bei der Privatleute einen Raum in ihrer Wohnung oder ihrem Haus meist sehr günstig an Touristen vermieten. Man wird dort gleich wie ein Familienmitglied aufgenommen und benützt oftmals die gleichen Räumlichkeiten (Bad, Küche). Hier hatten wir jedoch ein eigenes Bad und durften ihre Küche mitbenützen.

Nachdem wir geduscht hatten, pilgerten wir auf Theresas Empfehlung hin ins *Spyglass Inn*, das direkt am Hafen liegt. Wir wurden nicht enttäuscht und ließen uns eine feine Seafood Pie bzw. ein Seafood Curry schmecken – dazu gab es natürlich ein frisches Bier. Am Rückweg machten wir noch Halt bei der Ventnor Library, die am Weg lag und zufällig geöffnet hatte. Neugierig wie wir waren, wollten wir wissen, wie es dort aussieht und was die Engländer in ihren Bibliotheken so machen.

Wind – Wind - Wind

Samstag, 10. August 2019 - 2. Etappe
Von Ventnor nach Brighstone - 20 km

Wohnen bei Theresa:
Theresas Wohnung ist sehenswert. Sie ist voll mit allem möglichen Sammelsurium: Tassen, Teller, ziemlich irre Bilder und Skulpturen, auf einem Sims eine Sammlung alter Koffer. In unserem Zimmer sah es auch so aus. Auf einem Regalbrett stand ein Kopf aus Pappmaché, der einen halben Meter groß war. Gegenüber hinter einem Fenster, das zu einer Abstellkammer gehörte, saß eine alte, riesige Puppe, welche in den Gang starrte. Theresa arbeitet mit Kunst, organisiert Veranstaltungen und hat einen Retroladen in der Stadt. Das erklärte einiges.

An der Strandpromenade von Sandown startet der Weg.

Das Strandcafe und der Kinderpool in Ventnor am Abend.

Am nächsten Morgen war das Meer sehr stürmisch.

Seafood vom Feinsten wird im *Spyglass Inn* serviert.

Bereits um acht Uhr saßen wir an Theresas großem Holztisch in der Küche. Obwohl nicht im vereinbarten Preis inbegriffen servierte sie uns ein Frühstück mit sehr guten Cornflakes (es gibt auch grausige Sorten), Joghurt, sogar ein gekochtes Ei kredenzte sie uns. Kaffee gab es aus der French-Press mit frischem „handgemahlenen" Kaffee.

Wir packten gut gestärkt unsere Sachen und machten uns auf. Wind – Wind – Wind – in einer Stärke, wie wir ihn von zu Hause nicht gewohnt waren. Er begleitete uns den ganzen Tag. Im Ort legten wir noch einen Stopp im Supermarkt ein, um für unterwegs Verpflegung zu fassen.

Kurioses:

Beim Betreten der Küche überraschten wir Theresa gerade dabei, wie sie mit einem seltsamen Gerät grüne Bohnen in Stückchen schnipselte. Ähnlich gebaut, wie ein altmodischer Fleischwolf steckt man oben die Bohnen hinein, dreht an der Kurbel und das Schneidmesser sorgt dann für die kurzen ungleichmäßigen Stückchen, die unten herausfielen. Aber immer nur eine grüne Bohne nach der anderen; Etwas Öl hätte der Kurbel auch nicht geschadet. So quietschte Theresa mit ihrer Bohnenschneidmaschine fröhlich vor sich hin.

Bereits auf dem Weg zum Hafen hinunter merkten wir empfindlich den starken Wind. Es führte eine sehr steile Straße hinab, in einer Kurve mit Wartehäuschen füllten wir aus einer 2l-Flasche Wasser in unsere Flaschen um. Dort empfing uns schon die erste windgeprägte Überraschung. Vom Meer herauf flogen uns faustgroße Schaumflocken entgegen. Unten angekommen konnten wir die

Von Ventnor führt ein schöner Weg oberhalb der Küste entlang.

Etwas geschützt verläuft hier der Weg Richtung Brighstone.

Schaumberge am Ufer betrachten, von deren Kronen sich der Meeresschnee abhob.

Hinter dem Pub *Spyglass Inn* führte uns der Weg hinauf zu den Cliffs. Dort liefen wir geschützt von Brombeerhecken durch schöne Wälder. Zwischendrin gewährte uns der Pfad einen Ausblick auf das stürmische Meer. Beim Ort St. Lawrence wechselten wir vom Undercliff hinauf zum Uppercliff. Hier berührt der Coastal Path das Hinterland und führt entlang von üppigen Gersten- und Weizenfeldern.

Unsere Brotzeit auf einem Wanderparkplatz war auch recht kurz – der einsetzende starke Regen vertrieb uns von der gemütlichen Bank. Erst bei Chale, genauer beim *Blackgang Chine*, wendeten wir uns wieder dem Meer zu. Über eine sehr steile Holztreppe gelangten wir vom Uppercliff zum Ufer hinunter, wählten aber zuerst den falschen Weg und standen vor den Toren einer Hauptattraktion der Insel – einem Freizeitpark. Da wollten wir nicht hin. Es regnete inzwischen sehr stark, so suchten wir Unterschlupf in einem Buswartehäuschen. Als der Regen etwas nachließ, trotteten wir ein Stück zurück und schlugen dann den ausgeschilderten Weg hinaus zu den Klippen ein. Ab hier wurde es extrem abenteuerlich und recht gefährlich. Der Wind blies mit voller Stärke vom Meer kommend über die Klippen hinweg (Höhe der Klippen ca. 20 bis 30 m) und wir marschierten stets am Rand auf dem Trampelpfad. Die Klippen sind komplett ungeschützt und auch ungesichert, kein Zaun ist zur Absicherung vorhanden und kein Baumbestand oder vielleicht ein Busch hält den Wind auf.

Ungefähr eine halbe Stunde hielten wir durch. Die Böen waren oft so stark, dass es uns von den

Vom Klippenrand ging es steile Treppen hinab.

Füßen riss. Dann warteten wir auf einen kurzen Moment, an dem der Wind ein wenig nachließ und kamen wieder auf die Füße, was mit dem schweren Gepäck auf dem Rücken nicht einfach war. Schließlich wurde es uns dort zu gefährlich. Einen Absturz über den Rand der Klippen wollten wir nicht riskieren, so wendeten wir uns quer über das Feld der Landstraße (Military Road) zu. Wie wir später erfuhren, blies der Wind an diesem Tag mit über 80 Kilometer in der Stunde.

Einige Zeit später starteten wir einen zweiten Versuch, am Klippenpfad entlang zu laufen, mit dem gleichen Ergebnis. Schade, dass uns der starke Wind hier einen Strich durch den Plan gemacht hatte, auf diesen Streckenabschnitt hatten wir uns besonders gefreut.

Wir waren schon sehr müde und ausgepowert vom Kampf gegen den Wind, hatten aber noch fünf Kilometer vor uns. Auf einem alternativen Weg neben der stark befahrenen Straße ging es durch ein Gebiet mit Feldern, stets geschützt durch hohe Hecken aus Hainbuche oder Brombeeren. Um halb fünf Uhr erreichten wir ziemlich am Ende mit unseren Kräften Brighstone und das Bed and Breakfast, in dem wir ein Zimmer für zwei Nächte gebucht hatten.

Der Hausherr Michael hieß uns herzlich willkommen und führte uns in ein liebevoll eingerichtetes Zimmer mit großem Bad. Wir genossen als erstes eine heiße entspannende Dusche, dann lud uns Michael unter der Laube im Garten zum Tee ein. Michael ist der geborene Gastgeber. Er versorgte uns nicht nur mit perfektem Tee und Cookies, sondern gab uns gleich noch Empfehlungen für den

In England kann man so richtig gut essen.

nächsten Tag, wo wir etwas essen können, sogar Taxidienst bot er uns an. Michael ist pensionierter Lehrer und betreibt das kleine Bed and Breakfast. Er und seine Frau Helen, sie ist auch Lehrerin, ließen es uns an nichts fehlen. Abends kutschierte er uns ins Pub im Nachbarort, wo wir wunderbar speisten. Helen holte uns nach einem kurzen Anruf unsererseits dort wieder ab.

Vielfach hört man, dass englisches Essen nicht gut sei, das können wir, nach mehreren Aufenthalten in Schottland und England auf keinen Fall bestätigen. Maria bestellte im Pub eine Duck-Lasagne (Lasagne mit Entenfleisch), für mich gab es eine Lamb-Shank-Pie (Eintopf aus einer Lammkeule) mit vielen guten Beilagen und wir ließen uns diese herrlichen Delikatessen schmecken.

Bereits um 20.30 Uhr lagen wir im Bett, vorher wurde noch die Wäsche gewaschen und die nassen Stücke im Bad aufgehängt. Der Plan für den nächsten Tag war dank Michaels Empfehlungen auch schon geschmiedet. Auf alle Fälle etwas weniger Anstrengendes.

Grammar´s Common ist ein herrliches Waldgebiet.

Ein wohlverdienter Ruhetag

Sonntag, 11. August 2019

Gut ausgeruht nach dem anstrengenden Vortag saßen wir am Frühstückstisch und ließen uns von Michael liebevoll bekochen. Er servierte ein typisch englisches Breakfast mit „scrambled eggs, bacon, tomatoes, mushrooms and beans with toast" und das nicht zu knapp. Unsere am Abend im Waschbecken gewaschene Wäsche war natürlich nicht trocken geworden und so hängten wir diese im Garten auf. Dabei kam ich ins Gespräch mit Helen, die mir ein wenig über ihre Arbeit als Lehrerin erzählte. Um halb elf machten wir uns mit sehr leichtem Gepäck auf den Weg. Geplant war eine kleine Wanderung durch Wald und Wiese zum Mottistone Manor, wo wir den botanischen Garten besichtigen wollten.

Der Wanderweg startete gleich um die nächste Straßenecke in den Grammar's Common, das ist ein kleines Waldgebiet mit überwiegend Föhren. Zudem sollen sich hier Red Squirrels befinden, also rote Eichhörnchen. Im Wald futterten wir Brombeeren, die hier in großen Mengen wachsen. Wir waren von dem Wald ganz begeistert, mit viel Licht, aber auch düsteren Stellen. Ganz dicht stehen langnadlige Pinien aneinander. Das Astwerk darunter ist dürr und in den Zweigen hängen viele abgestorbene Nadeln. Vor lauter Begeisterung verpassten wir die richtige Abzweigung und standen dann ganz verloren im Wald ohne Weg herum. Dank Mobiltelefon konnten wir uns jedoch orientieren und fanden wie Hänsel und Gretel wieder hinaus.

Der „Longstone" in der Nähe von Brighstone.

Wir genossen den erholsamen Spaziergang im Hinterland.

Allerlei interessante und schöne Pflanzen säumten den Weg.

Mottistone Manor mit seinem schönen Garten faszinierte uns.

Cream Tea ist eine englische Spezialität!

Nach Verlassen des Waldes überquerten wir eine Weide. Just da fing es zu regnen an. Kurz stellten wir uns unter und wanderten dann eine kleine Anhöhe hinauf. Oben erwartete uns der „Longstone", ein sehr schöner „Standing Stone", wie es viele in England gibt. Der Regen wurde stärker und wir mussten wieder unterstehen. Da das Wetter hier sehr schnell wechselt, konnten wir bald durch einen Hohlweg weiter. Dort passierten wir ganz bizarre Baumformationen.

Wir landeten an der Straße direkt vor der Mottistone Church und flüchteten in den Torbogen vor der alten Kirche, natürlich wieder wegen eines Regengusses. Gemütlich im Trockenen sitzend genossen wir einen kleinen Imbiss und dann kam die Sonne heraus. Prima!

Gleich gegenüber der Kirche war der Eingang zum Mottistone Manor mit dem wundervollen Garten. Mottistone Manor ist bekannt für seine Gartenanlagen und den vielen blühenden Pflanzen. Im Tea Garden ließen wir es uns gut gehen, ganz britisch mit „Cream Tea" und waren hin und weg. Man servierte uns eine große Kanne Tee, jedem ein großes Scone, eine Schale Clotted Cream und Jam (Marmelade). Bei Sonnenschein inmitten einer Blütenpracht nützten wir die freie Zeit zum Schreiben unserer Reisenotizen und sammelten noch Buchtipps (Rezepte für Scones) im Shop. Über Landstraßen ging es gemütlich wieder nach Brighstone zurück, wo wir im Garten gleich wieder mit Tee bewirtet wurden. Bonny, der Haushund, leistete uns dabei Gesellschaft.

Auf der Suche nach einem passenden Reiseführer für die Isle of Wight ist es uns nur gelungen, einen in englischer Sprache zu bekommen. Wichtig war uns hier vor allem, dass der Coastal Path eingezeichnet war. Leider ließ die Qualität der enthaltenen Karten sehr zu wünschen übrig. Höhenprofile fehlten gänzlich und der Maßstab stimmte oftmals auch nicht. Es wäre zur Planung sehr hilfreich gewesen, wenn wir gewusst hätten, wie lange wir für gewisse Abschnitte unter Einbeziehung von Auf- und Abstieg benötigen würden.

Vor Ort gab es dann bessere Karten. Der Weg, möchte man meinen, sollte entlang einer Küste flach verlaufen. Tut er aber nicht. Vom Hafen ging es meist hinauf auf das Cliff, manchmal noch auf das Uppercliff, so die Bezeichnung einer weiteren Höhenlinie. Dort verläuft der Weg, meist ein Pfad, direkt am Abgrund. Bei sogenannten Chines, das sind Einschnitte in der Küste, hervorgerufen durch Erosion oder eine Fluss- bzw. Bachmündung ins Meer, musste diese umgangen werden, in etwa wie bei einem Fjord in Norwegen. An manchen Stellen führte aber auch eine steile Stiege hinunter und auf der anderen Seite hieß es dann, die Höhendifferenz wieder hinaufzuklettern. Vom Klippenpfad aus hat man stets einen herrlichen Blick über das Meer und die davor- bzw. zurückliegende Strecke, Ausblicke auf Orte oder einen Leuchtturm zur Orientierung - vorausgesetzt man hat gutes Wetter. Wie wir feststellen konnten, ist das Wandern so knapp an der Kante, es geht schon ungefähr 30 m in die Tiefe, bei starkem Wind gefährlich. Der Wind bläst in alle Richtungen und man hat zu kämpfen, um geradeaus vorwärts zu kommen. Mit einem schweren, großen Tramper-Rucksack am Rücken verschärft sich die Lage noch. Der Wind hat dann zudem eine noch größere Angriffsfläche.

Ein einsames Cottage inmitten der Weidelandschaft.

Weiter, immer weiter

Montag 12. August 2019 - 3. Etappe

Von Brighstone nach Yarmouth - 12 km

Bereits um 8.00 Uhr standen wir bei Michael in der Küche. Er bereitete uns wieder ein feines Frühstück zu, aber angesichts der Mengen, die wir am Vortag serviert bekamen, fiel unsere Bestellung heute etwas kleiner aus. Trotzdem kredenzte er uns obendrauf einen frischen Obstteller.

Vor der Abreise bezahlten wir die Zimmerrechnung, dann packten wir unsere sieben Sachen und machten uns auf den Weg. Nach dem Durchwandern einer sehr langen Gasse trafen wir wieder auf die Military Road. Diese überquerten wir, inklusive dem Anblick eines überfahrenen Hasen, und legten die kurze Strecke bis an den Klippenweg zurück. Sehr zu unserer Freude war das Wetter trocken und es wehte fast kein Wind. Entlang der Küste hatten wir herrliche Ausblicke aufs Meer und die Küste selbst. Stets an der Kante entlang führte uns der Pfad bis nach Brook. Dort beobachteten wir Surfer im Wasser. Auf dem zu diesem Strandabschnitt gehörigen Parkplatz gab es eine Toilette und einen Würstelstand, wo wir uns mit Tee versorgten. Just in dem Moment setzte Nieselregen ein. In der Toilette rüsteten wir unsere Rucksäcke mit den Regenhüllen aus und uns gleich mit.

In der Ferne konnten wir schon die Häuser von Freshwater Bay und ganz in der Ferne unser heutiges Ziel (The Needles) sehen. Der Weg war noch recht weit, aber diese Strecke belohnte uns mit wunderbaren Ausblicken in alle Richtungen. Vor der Freshwater Bay setzte leider starker Regen ein. Regenblind tappten wir entlang der Klippe konstant hoch hinauf bis zur Straße, dann wieder hinunter ans Meer. Am Ufer bewunderten wir die schönen bunten, rund geschliffenen Steine. Wir umrundeten in Freshwater Bay ein sehr großes Hotel, geschlossen und in einem sehr desolaten Zustand. Hinter dem Hotel, welch Wunder, kam die Sonne zum Vorschein. Wir warfen die Regenbekleidung ab und marschierten im T-Shirt einen sehr langen Pfad den Hügel hinauf. Der Hang war eine einzige Wiese, gemäht wie ein Golfplatz. In der Ferne konnten wir bereits das große Keltenkreuz ausmachen. Um das Tennyson Monument, so heißt diese Touristenattraktion, gruppierten sich einige Kühe. Eigentlich dachten wir, dass wir von dort bereits die Needles, die interessanteste Attraktion der Insel, sehen konnten, doch weit gefehlt. Vor uns erstreckte sich eine weitere, langgezogene Anhöhe, die wir in Angriff nehmen mussten. Zur Stärkung benötigten wir einen Energieriegel. Nach weiteren drei Kilometern erreichten wir endlich eine Kuppe, bestückt mit einem Mobilfunkmast, und erblickten von dort die Gebäude der Old Battery. Von dort oben hatten wir zudem einen guten Ausblick auf die Küste von England und beidseits das Meer. Erst als wir näher kamen, sahen wir die berühmten Felsformationen. Um ganz heranzukommen, bedurfte es eines Besuchs der Wehranlage. Wir bezahlten den Eintritt und unsere erste Aktion war erst einmal ein kleiner Imbiss im Trockenen. Gemütlich machten wir uns auf den Bänken vor einer riesigen Kanone breit. Dann schlossen wir uns den vielen anderen Besuchern an und nahmen uns viel Zeit, diese historische Stätte zu besichtigen.

Durch einen Tunnel kommt man zu einem Ausguck, der einen überwältigenden Ausblick auf die „Needles" bot. Von dort konnte man die steilen Felsen und den Leuchtturm gut sehen. Ausflugsboote umkreisten die wellenumspülten Felsformationen. Im Tunnel steht ein beeindruckendes Nebelhorn und eine Signallampe aus der Zeit des II. Weltkriegs. Die Gebäude sind mit Kanonen, Munition und anderen aus dieser Zeit stammenden Gegenständen eingerichtet. Man erfährt in diesem Museum sehr viel über die Zeit, als die Old Battery noch ihren Dienst tat.

Interessante Werbemaßnahme:

Bänke und Zaungatter sind auf der Isle of Wight mit Schildern versehen, die auf den Spender des Objektes hinweisen. Die Tafeln aus Holz oder Metall tragen oft eine Widmung oder einen flotten Spruch. Das wäre ein Verbesserungsvorschlag für unsere heimischen Tourismusverbände.

Entlang der Zubringerstraße wanderten wir im Anschluß an die Besichtigung nach Alum Bay und nahmen dort den Bus Richtung Yarmouth. Im Hafen stiegen wir dort sehr müde von der langen Strecke aus. Gleich ums Eck lag unser Hotel, das *Bugle Coaching Inn*, ein richtig altes Gebäude mit einem urigen Pub im Erdgeschoß. Uns wurde ein hübsches Zimmer zugeteilt, in dem wir uns als erstes mit einer Dusche erfrischten. In der sehr vollen Gaststube ergatterten wir abends einen Tisch und ließen uns eine Seafood Platter schmecken. Krabbensalat, verschiedene Muscheln, Garnelen und dazu ein Ale bzw. ein Glas Cider – es war einfach herrlich. Zum Thema Eiweißschock: „Man gönnt sich ja sonst nix".

Auf dem Weg zu den *Needles* boten sich weite Ausblicke ...

... in die Ferne und nette Begegnungen,

Ein Blick zurück ... so weit waren wir heute gelaufen.

Das kurze Sonnenfenster nutzten wir für eine Rast.

Der Zaun des Weidelands mit dekorativem Übertritt.

Ein Blick in die Tiefe zum glasklaren Wasser.

Oftmals sind die Orte mit einer betonierten Promenade geschützt.

Kurzärmlig waren wir selten unterwegs.

Vom Hügel hat man einen guten Blick auf Freshwater Bay.

Nun sind wir bald da ... die *Needles* sind schon zu sehen.

Etwas näher kann man sie von der *Old Battery* betrachten.

Durch den Bauzaun zeigte sich ein idyllischer Strand.

Das Fort war mit seinen Geschützen gut befestigt.

Nun geht es in Richtung Yarmouth, wo unser Hotel ...

... mit vorzüglichem Seafood wartet.

Erholsame Wanderung entlang des Flusses Yar

Dienstag, 13. August 2019 - 4. Etappe

Von Yarmouth nach Cowes - Bus

Wir begannen den Tag recht spät und waren erst um 9.00 Uhr beim Frühstück in der Bar. Hier gab es eine Menükarte für das Frühstück, sehr üppig bestückt. Maria startete mit „Wheatpix", das sind gepresste Flocken, die mit Milch übergossen werden. Ich bestellte eine Kaltschale, die aus Schichten von Granola, Greek Yoghurt und Beerenkompott zusammengesetzt war - etwas ganz Feines. So viel zur Vorspeise! Zwei Spiegeleier auf Toast bzw. ein Berg von Rührei auf Toast mit Räucherlachs folgten dem Menü.

Wir packten wieder einmal unsere Sachen. An diesem Tag, so hatten wir bereits gestern beschlos-

> **Freizeit für Kinder:**
> In Österreich lernen fast alle Kinder Schifahren. Hier auf der Isle of Wight bekommen die Sprösslinge Unterricht im Segeln. Zuerst lernen sie mit kleinen Booten zu fahren, später dann dürfen sie auf größere Boote.

sen, wollten wir den Western Yar Estuary Circular Walk entlangwandern, den Michael uns empfohlen hatte. Wir freuten uns auf eine kurze Tour nach der langen Strecke vom Vortag. Der Wanderweg startete am Hafen und führte uns entlang des Flusses

Yar. Entlang des Mündungsdeltas lagen große Salzwiesen mit Schilf und den typischen Gräsern, in denen es viele Vögel zu entdecken gab.

In den Becken, die in der Zeit der Flut gut gefüllt waren, tummelten sich viele kleine Segelboote. Eine Zeitlang beobachteten wir die Gruppen, die dort Segelunterricht bekamen. Wir durchliefen schöne von Kanälen durchzogene Waldgebiete. Am Umkehrpunkt, einer kleinen steinernen Brücke, trafen wir auf einen Schwan mit sechs Jungtieren und eine riesige Menge an Enten, die sich um das Futter stritten. Kurz nach der Brücke lag die *All Saints Church*, welcher wir einen Besuch abstatteten. Besonders sehenswert ist hier der alte Friedhof mit den steinernen Grabmälern. Gleich ums Eck lag das urige Pub „The Red Lion", zum Einkehren war es jedoch etwas zu früh. Über Felder und Wiesen schlenderten wir retour nach Yarmouth und nahmen von dort den Bus nach Newport.

Das war eine wilde Busfahrt! So rasant sind wir noch nie mit einem Bus befördert worden. Der Busfahrer war viel zu schnell unterwegs. Es warf uns wild hin und her, ohne Festhalten wären wir von den Sitzen gefallen. Gott sei Dank mussten wir in Newport in einen anderen Bus nach Cowes umsteigen, wo wir gegen 15 Uhr eintrafen. Ein paar Straßen weiter fanden wir unsere nächste Unterkunft. Auf dem Areal des Enterprise College befand sich ein Zeltplatz, hier hatten wir ein Zelt für die Nacht reserviert. Das Personal war sehr freundlich und hieß uns herzlich willkommen. Allerdings waren wir dann doch sehr überrascht, in unserem Zweimannzelt nur zwei Luftmatratzen mit zwei kleinen Pölsterchen, ein Tischchen und zwei

Klappsessel vorzufinden. Von Decken war nichts zu sehen, doch zu diesem Zeitpunkt machten wir uns darüber noch keine Gedanken. Praktisch war, dass sich gleich daneben die WC-/Duschanlagen der Schule befanden, ebenso ein Aufenthaltsraum mit einer „Feldküche".

Wir nutzten die Gelegenheit und die freie Zeit, unsere Wäsche zu waschen, welche wir am Zaun zum Trocknen aufhängten. Den restlichen Nachmittag verbrachten wir damit, in der Sonne zu sitzen und unsere Notizen zu ergänzen. Um fünf Uhr machten wir uns auf den Weg, den Ort zu erkunden und landeten im Hafen.

Dort, welch große Überraschung für uns, stolperten wir in das riesengroße Straßenfest mit Live-Musik, welches jährlich aufgrund der Segel-Weltmeisterschaften ausgetragen wird. Nun war uns auch klar, wieso wir hier zu dieser Zeit kein leistbares Zimmer finden konnten und deshalb im Zelt, das auch überteuert war, landeten. An den verschiedenen Ständen wurde Segelbekleidung und Zubehör verkauft, es gab auch Cider, Bier und sogar Bratwürste aus Deutschland. Wir bummelten durch die Gassen, in denen überall musiziert wurde, und landeten dann im Anchor Inn bei einem ½ Pint Cider und einer Homemade Pie gefüllt mit Hühnchen und Pilzen.

Am Rückweg platzierten wir uns vor der Bühne im Jachthafen und probierten verschiedene Cider-Sorten. Vorsicht ist geboten bei Rhubarb-Cider – dieser schmeckte furchtbar chemisch, auch optisch passte die pinke Farbe dazu. Etwas besser mundete uns Cider mit Birnengeschmack. Wir stellten daraufhin fest, Bier trinken ist sicherer.

Eine Nacht in einem Zelt ohne Schlafsack! Maria erteilte mir nach dieser Nacht das Verbot, jemals wieder eine Nacht in einem Zelt als Unterkunft zu buchen. Obwohl wir August hatten, war es in der Nacht extrem kalt. Zuerst versuchten wir, uns mit allem was wir zum Anziehen hatten, einzuhüllen. Zwecklos! Gegen 21 Uhr machte ich mich auf den Weg, um bei dem Zeltplatz-Team nach Decken zu fragen. Ich erhielt 4 sehr dünne Decken, die etwas Schutz vor der Kälte boten. Um halb drei in der Nacht stand ich auf, um in der Teeküche etwas Warmes zum Trinken zu holen. In unserer Not schoben wir die Matratzen eng zusammen und kuschelten uns aneinander und warteten nur darauf, dass es hell wurde.

Die Nacht gestaltete sich nicht nur kalt, sondern auch recht laut. Viele Zeltbewohner kamen erst spät vom Fest zurück und alle besuchten noch die Waschräume, die ja gleich hinter unserem Zelt lagen. Die Tür quietschte bei jeder Öffnung und leise Gespräche waren anscheinend möglich. Um sieben Uhr gingen wir total fertig frühstücken, packten unsere sieben Sachen und verließen den Zeltplatz fast schon fluchtartig.

Mit einem richtigen *englischen* Frühstück startete der Tag.

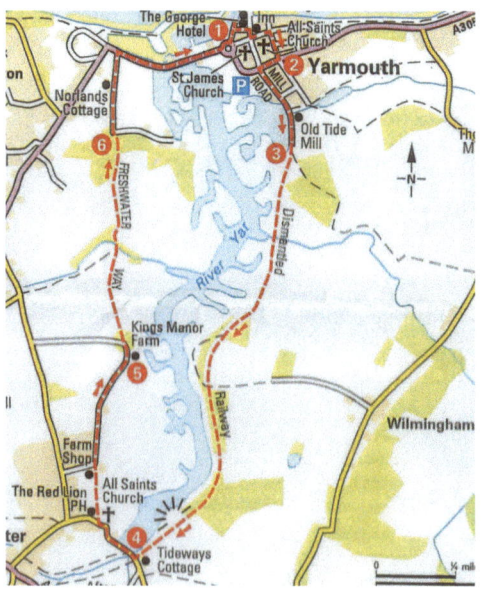

Die rote Linie zeigt den Rundweg entlang des Flusses Yar.

In diesem Feuchtgebiet tummeln sich viele Vögel ...

... und zwar ganze Scharen davon!

Ein regnerischer Tag

Mittwoch, 14. August 2019 - 5. Etappe
Von Cowes nach Ryde - 13 km

Der Coastal Path führte uns zum Hafen hinunter. Trotz des Regens, der den ganzen Tag anhielt, war im Ort viel los. Mit der „Floating Bridge" setzten wir nach East Cowes über. Die „Floating Bridge" ist eine Kettenfähre, die West Cowes mit East Cowes verbindet. Auf dem Kanal dazwischen tummelten sich viele Segelboote, die sich für die Rennen vorbereiteten. Aus East Cowes hinaus wanderten wir recht lang an einer stark befahrenen Straße entlang. In Wippington legten wir an einer Bushaltestelle eine kurze Pause ein, um einen kräftigenden Riegel zu essen. Auf Landstraßen ging es von da an quer durch die Gegend, bis wir in Woolton Bridge landeten. Wieder fanden wir Unterstand in einer Bushaltestelle und futterten ein Sandwich. Die Verlockung war sehr groß, einfach in den nächsten Bus zu steigen. Aber wir hielten dem tapfer stand und marschierten weiter, über eine Brücke, durch Wälder, stets mit schönen Häusern dazwischen. Irgendwann am frühen Nachmittag kamen wir bei der Quarr Abbey an. Vor dem Besuch der prachtvollen Benediktiner-Abtei bestaunten wir die dort angesiedelten Schweine. Zufällig durften wir in der Kirche das 6-Stunden-Gebet erleben, ein sehr besinnlicher und bewegender Moment. Circa zehn Mönche zogen in die Kirche ein, um ihre Choräle zu singen, auch einige Einheimische waren anwesend. Die Kirche ist ganz aus roten Ziegeln gebaut und innen sehr schlicht ausgestattet. Man findet kein Zierrat, so wie bei uns in den Kirchen. Von Quarr Abbey an führte die Strecke durch schöne Wälder. Sogar ein Squirrel (ein Eichhörnchen) lief uns über den Weg. Unsere Etappe endete in Ryde, ziemlich am Ortsanfang. Völlig durchnässt trafen wir bei der gebuchten Privat-Unterkunft ein. Wir erhielten im Dachgeschoß ein hübsches Zimmer, das Bad mussten wir mit den Hausbewohnern teilen. Auf Empfehlung des Hausherrn besuchten wir das lokale Pub und fielen dann total erschöpft nach einem langen, nassen Tag ins Bett.

Der Eingang zu einer Kirche in East Cowes.

Skurriles - Kirchen in England:

Aufgefallen ist uns, dass am Eingang zu einigen Kirchen unter anderem bereits die Preise für Beerdigungen, Hochzeiten usw. aufgelistet sind. In einer Parish Church fanden wir, neben einer Kinderspielecke direkt hinter den Kirchenbänken, eine Küche samt Bartresen!

Auf der Fahrt mit der Kettenfähre sahen wir viele Regatta-Boote.

Was die Mikrowelle im Wald sollte, war uns nicht so klar.

Am Ende der Überfahrt.

Trotz Regen war der Besuch von Quarr Abbey beeindruckend.

Die letzten Kilometer bis ins Ziel

Donnerstag, 15.August 2019 - 6. Etappe
Von Ryde bis Sandown - 20 km

Gut erholt standen wir um acht Uhr in der Früh auf und frühstückten im Zimmer. Kakao gab es aus der Tüte und ein Müsliriegel – das musste reichen. Nach Verabschiedung von unseren Vermietern waren wir um neun Uhr bereits auf dem Weg. Zuerst ging es einen Golfplatz entlang, auf dem sich bereits so früh schon viele Spieler tummelten. Dann erreichten wir den Ort Ryde und bummelten an der Uferpromenade entlang. Dort hatten wir das Glück, den Start des *Hovercraft* beobachten zu können. Das Luftkissenboot verbindet die Insel mit dem Festland, und ist die schnellste Verbindung. An der Promenade begrüßte uns auch eine Schar großer grauer Gänse, die eifrig im Gras pickten. Auf dem Meer war viel Schiffsverkehr und wir sahen eine Weile zu. In Seaview, dem nächsten Ort, fanden wir einen Laden mit lokalen, bäuerlichen Produkten, Bauernladen - würde man bei uns sagen. Wir versorgten uns mit feiner Pastete, Ziegenkäse und frischem Brot. Cookies für Maria durften natürlich nicht fehlen. Auf einem nahegelegenen Kiesplatz, windgeschützt, hielten wir unser Picknick ab. Am Strand, etwas weiter entlang, lernten gerade Segelschüler den Umgang mit ihren kleinen Booten. Wir ließen uns Zeit und beobachteten, wie sie mit ihren kleinen Booten im recht welligen Meer herumflitzten. Mit dem Wetter hatten wir diesmal Glück. Die Sonne schien, der Weg war trocken, so wechselten wir die Bergschuhe gegen Sandalen. Im Ort

Bembridge führte uns der Weg vom Ufer weg und wir kamen in eine Lagunenlandschaft. Bei Bembridge wollten wir die im Reiseführer beschriebene Windmühle besichtigen. Es dauerte einige Zeit, um den richtigen Weg zu finden. Beim ersten Versuch landeten wir nämlich im Sumpf. Wir waren schon fast am Aufgeben. Dann jedoch führte uns der Weg hinauf durch schöne Waldstücke und wir erreichten die prächtige Windmühle. Nach Bezahlen des Eintritts durften wir das Grundstück betreten und die Windmühle auch innen besichtigen. Mit Hilfe der sehr guten Beschriftung erfuhren wir viel Interessantes über die Geschichte und Funktion der Mühle. Beeindruckend war auch der Ausblick aus den obersten Fenstern.

Wieder retour im Hafen warteten wir recht lange auf den Bus, der uns nach Sandown bringen sollte. Zum Laufen waren wir zu müde, es hätte doch noch einige Kilometer erfordert.

Um 16.00 Uhr trafen wir in Sandown ein und hatten somit unsere Inselumrundung abgeschlossen. Stolz, die Strecke trotz Widrigkeiten (Wetter) geschafft zu haben, mieteten wir uns im *Sandown Hotel* ein.

Das Hotel stammt aus einer Zeit, in der Sommerfrische an der See angesagt war. Große, hohe Räume, zu seiner Zeit sehr elegant, nun jedoch wirken sie, mit billigen Accessoires dekoriert, leer. Nach kurzer Rast und einem Bad in der Badewanne gingen wir in der Hauptstraße essen. Zur Feier des Tages gönnten wir uns ein herrliches indisches Menü mit Tandoori Duck und Honey Chicken. Das Essen und die dazu gereichten Getränke waren einfach prima.

In Ryde erlebten wir den Start der Hovercraft Fähre.

Eisenbahn und Parkanlagen in Ryde.

Ein ruhiger Flußarm in der Nähe von Bembridge.

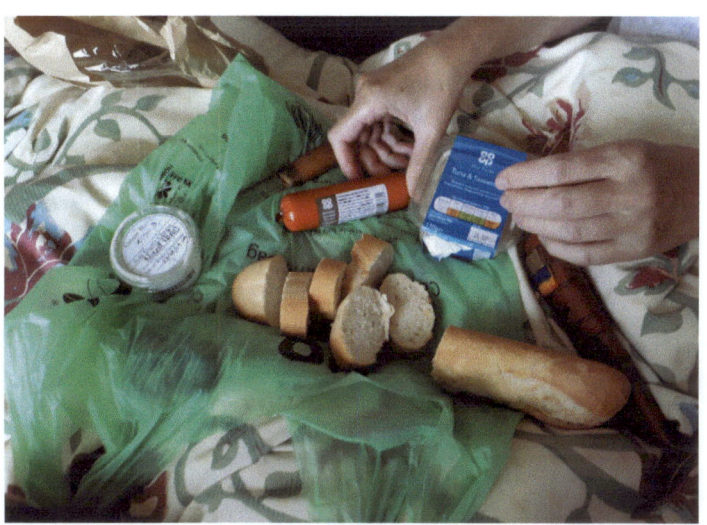

Der „berühmte" Austrian Smoked Cheese!

Der Appley Tower an der Esplanade von Ryde.

Wir besuchten auch die Windmühle bei Bembridge.

Wieder zurück in Sandown in der Nähe des Piers.

So sieht ein Abendessen in Kate´s Cottage aus.

In der Spielhölle

Freitag, 16. August 2019
Ruhetag in Sandown

Wir starteten bereits um 8.30 Uhr zum Frühstück, wofür wir an der Rezeption um je 3 Pfund einen Bon abholten. An einem sehr dürftigen Buffet versorgten wir uns mit Toast, Marmelade und Butter. Milch und Cerealien aus der Schachtel gab es auch. Für uns hat es ausgereicht und es war günstig. Wir lungerten noch etwas in unserem Zimmer herum, dann machten wir uns auf den Weg zum Shopping, einmal die Highstreet hinauf und wieder hinunter. Einige Souvenirläden, wenige Geschäfte und vor allem Second-Hand-Shops reihten sich entlang der Hauptstraße, die wir alle kurz besuchten. Nachdem wir uns über die mageren Einkaufsmöglichkeiten informiert hatten, schlugen wir den Weg zum Pier ein. Eine Querstraße hinunter und wir befanden uns an der Uferpromenade. Deren Mittelpunkt ist sicher der langgestreckte Pier, welcher mit einem Gebäudekomplex überbaut ist. Neugierig wie wir waren, erwies sich der Besuch schlussendlich für uns als fatal! Wir verbrachten dort recht viel Zeit. Diese Einrichtung erwies sich als eine Spielhölle, welche wir, in der Meinung unseren Bildungshorizont zu erweitern, erkundeten.

Positives: Wir hatten noch so viel Mini-Kleingeld – also Kupfermünzen – die wir loswerden wollten. Das war die Gelegenheit und wir fingen sogleich an, die Automaten damit zu füttern. Und wenn man eine Münze richtig hinein fallen ließ, rieselten von den darin bereits gestapelten Münzen wieder welche durch den Ausgabeschacht hinaus. Auf beweglichen Tabletts, die vor- und zurückfuhren, schoben sich die Münzen hin und her, und so verging die Zeit. Erstaunlich, wie schnell man spielsüchtig wird. Bereits nach einer Stunde war unser Kleingeld weg. Der Einsatz war gering, nur ein paar Pence, der Gewinn natürlich noch weniger. Wir flüchteten, als wir merkten, was diese Spielhölle für ein Suchtpotential hatte.

Sicherer war der Supermarkt. Hier erstanden wir interessantes: einen „Österreichischen geräucherten Käse". Diesen verspeisten wir gemeinsam mit einer Dose Thunfischsalat beim Picknick im Zimmer. Dabei stellten wir fest, dass es diese Sorte von Käse bei uns in Österreich sicher nicht gibt. Im Internet buchten wir gleich unser Bahnticket für die Rückfahrt von Southampton nach London. Den Nachmittag verbrachten wir mit einem ausgiebigen Strandspaziergang, stets mit Jacke und Strickmütze – es wehte eine frische Brise. Noch ein „kurzer" Stopp in der Spielhölle, die zog uns magisch an, dann gönnten wir uns Cream Tea in *Kate's Cottage,* mit zwei Scones und Tee. Gerade war auch Sale – also Ausverkauf, und so erstanden wir noch einige Kleidungsstücke und eine tolle Tasche für Maria.

„Bring your own bottle!" Das nahmen wir am Abend wörtlich, holten im Supermarkt eine Flasche Weißwein, und setzten uns wieder in *Kate's Cottage* zum Abendessen. Diesmal bei einem sehr britischen Menu mit zartem Roast Beef bzw. Roast Pork und viel Gemüse. Als Nachtisch gönnten wir uns noch ein Treacle Sponge, das ist ein üppiger Kuchen mit Karamel samt Eiscreme.

Garlic Festival

Samstag 17. August 2019

Ein Highlight dieser Reise war das Garlic Festival und auch der Grund, warum wir auf dieser Insel gelandet waren. Maria hatte im Podcast von diesem Festival gehört, auf welchem sich alles um die tolle Knolle Knoblauch dreht. So haben wir unseren Wanderurlaub terminlich so platziert, dass wir zum Abschluss dieses Festival besuchen konnten.

Nach einem Continental Breakfast stiegen wir in den Bus Nr. 8 an der Haltestelle Pierstreet, welcher uns direkt beim Festivalgelände ablieferte. Auf einem riesigen Areal reihten sich verschiedenste Stände aneinander. Es gab eine „Arena" für Aufführungen und eine Bühne mit Live-Musik. Neben Verkaufsbuden für Kunsthandwerk und Informationsstände von karitativen Vereinen bot man vor allem Speis und Trank, und das alles mit viel Knoblauch, an. Garlic all over – im Kaffee, im Bier, ja sogar in der Eiscreme. Und wir testeten natürlich alles zu unserer Zufriedenheit. In einem eigenen Zelt wohnten wir einer Koch-Show bei. Der Koch zauberte feine Gerichte, mit Knoblauch gewürzt, die wir auch zum Probieren bekamen. Ein Häppchen Lachs mit Kaviar, dann ein Knoblauchbier mit Porkchips. Die Organisation des Festivals obliegt der Garlic Farm. Ein Agrarunternehmen, das sich auf Knoblauchanbau spezialisiert hat. Sie stellen aus der Knolle verschiedenste Produkte her, verkaufen aber auch Saatgut zum Eigenanbau. Wir verbrachten den ganzen Tag auf dem Festival, hörten im Gras sitzend gute Musik und ließen uns die kulinarischen Angebote schmecken.

Zurück im Hotel packten wir unsere Habselig-
keiten zusammen um für den morgigen, anstrengenden Rückreisetag gerüstet zu sein.

Es geht wieder nach Hause

Sonntag, 18./19. August 2019
Isle of Wight – London – München

Retour ging es mit dem Tragflügelboot nach Southampton, wo wir den Zug nach London Gatwick
nahmen. In der Nähe des Flughafens verbrachten
wir noch eine Nacht in einem Businesshotel und
flogen am nächsten Morgen mit einer der ersten
Maschinen nach München zurück.

Krönender Abschluss unserer Tour - das Garlic Festival.

Wir Zwei:

Sonja Kofelenz, geb. 1967, lebt mit ihrer Familie in Reutte und arbeitet als Bibliothekarin. Interessen: Lesen, Musik, Kultur, Garten und Wandern.

Maria Kofelenz, geb. 1998, studiert Biologie. Interessen: Bücher, Malen und Zeichnen, Wandern.

Bisher in der Reihe WIR ZWEI erschienen:

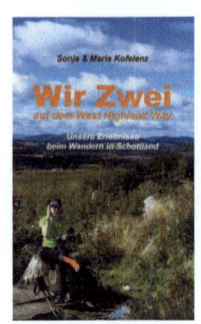